DE LADO A LADO

Aprendamos geometría

Taking Sides: Exploring Geometry

Nancy Harris
traducido por Priscilla Colón

Rourke
Publishing LLC
Vero Beach, Florida 32964

www.rourkepublishing.com

PHOTO CREDITS: © Carmen Martínez : title page, page 4, page 6, page 12, page 15; © Donald Joski: page 17, page 18; © Gina Smith: page 20; © Ugur Evirgen, © Don Bayley: page 21.

Editor: Robert Stengard-Olliges

Cover design by Nicola Stratford, bdpublishing.com

Bilingual Editorial Services by Cambridge BrickHouse, Inc.   www.cambridgebh.com

Library of Congress Cataloging-in-Publication Data

Harris, Nancy.
  De lado a lado: Aprendamos geometria
  Taking sides : exploring geometry / Nancy Harris.
      p. cm. -- (Math focal points)
  Includes index.
  ISBN 978-1-60044-766-2
1. Geometry--Juvenile literature. I. Title. II. Series.

Printed in the USA

CG/CG

Rourke Publishing

www.rourkepublishing.com – rourke@rourkepublishing.com
Post Office Box 3328, Vero Beach, FL 32964

Contenido
Table of Contents

De lado a lado / Taking Sides

Cassidy y Ainsley debían compartir un cuarto. Su cuarto tenía cuatro **lados** iguales y cuatro **ángulos** rectos. ¿Cómo compartirían su cuarto cuadrado?

Cassidy and Ainsley had to share a bedroom. Their room had four equal **sides** and four right **angles**. How would they share their square room?

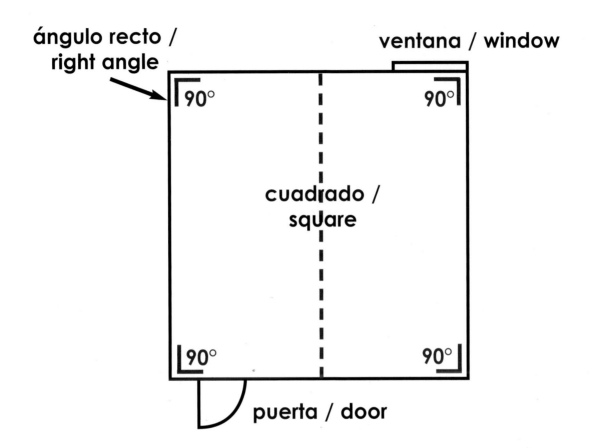

ángulo recto / right angle

ventana / window

90° 90°

cuadrado / square

90° 90°

puerta / door

Las dos niñas decidieron **dividir** su cuarto a la mitad. Pusieron una línea en el medio de su cuarto.

The two girls decided to **divide** the room in half. They put a **line** down the middle of the room.

5

Cada mitad del cuarto tenía dos lados largos, dos lados cortos y cuatro ángulos rectos. Ahora las niñas tenían dos espacios rectangulares.
Cassidy eligió el lado cerca de la ventana. Ainsley eligió el lado cerca de la puerta.

Each half of the room had two long sides, two short sides, and four right angles. The girls had two rectangle shaped spaces now.
Cassidy picked the side by the window. Ainsley got the side by the door.

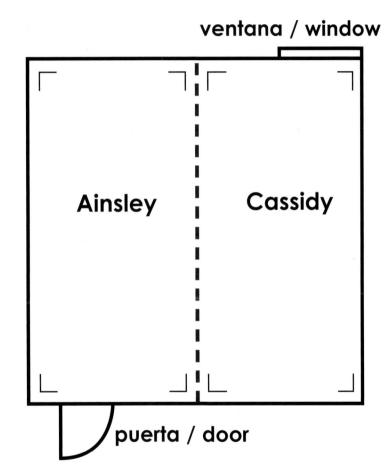

ventana / window

Ainsley

Cassidy

puerta / door

Camas / Beds

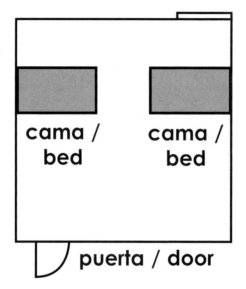

ventana / window

cama / bed   cama / bed

puerta / door

Primero, las niñas intentaron poner las camas en las esquinas del fondo del cuarto. Hmmm… Esto dejó un gran espacio vacío en el medio del cuarto.

First, the girls tried putting the beds in the two top corners of the room. Hmmm… This left a big open space in the middle.

ventana / window

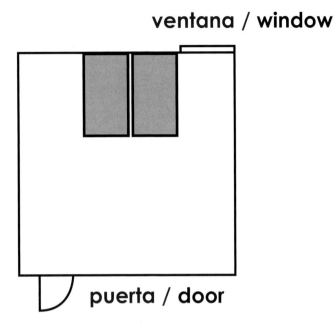

puerta / door

Decidieron unir las camas en el medio del cuarto. ¿Qué forma tiene la gran cama? ¿Por qué?

They decided to try pushing the beds together in the middle of the room. What shape is the big bed? Why?

Armario / Dresser

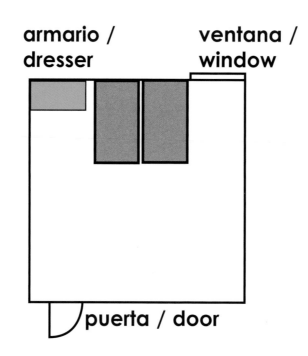

**armario /
dresser**

**ventana /
window**

puerta / door

Luego, las niñas movieron el armario hasta la esquina del fondo del lado izquierdo del cuarto.

Next, the girls slid the dresser into the back left corner of the room.

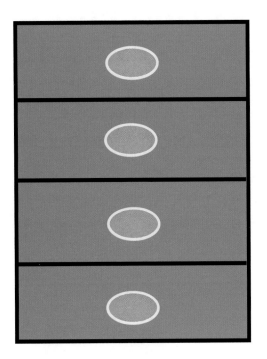

El armario tenía cuatro gavetas rectangulares con mangos ovalados. Cada niña eligió dos gavetas.

The dresser had four rectangle drawers with oval handles. Each girl claimed two dresser drawers.

Escritorios y mesas
Desks and End Tables

Cassidy sugirió traer las dos mesas que usaban como escritorios. La parte superior de cada mesa tenía un lado largo, dos lados cortos y tres ángulos. Las mesas eran triangulares.

Cassidy suggested that they bring in the two tables they used for desks. Each table top had one long side, two short sides, and three angles. The tables were triangle shaped.

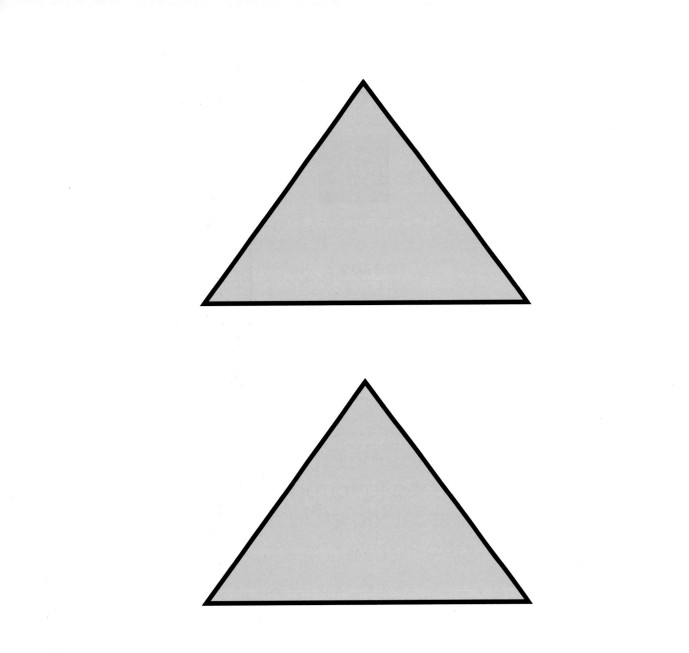

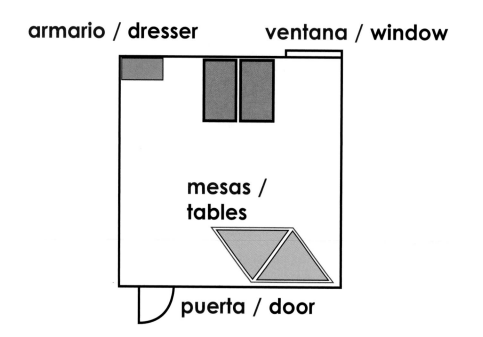

armario / dresser   ventana / window

mesas / tables

puerta / door

Decidieron unir las dos mesas triangulares para crear un escritorio con la forma de un **rombo**. Las niñas pusieron el escritorio en la esquina del lado derecho del cuarto.

They decided to put the two triangle tables together to make one **rhombus** shaped desk. The girls put the desk in the right hand corner of the room.

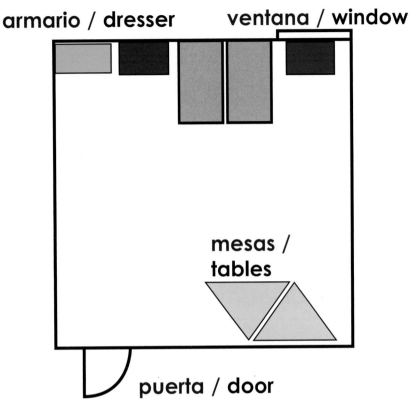

armario / dresser　　**ventana / window**

mesas / tables

puerta / door

Ahora, Ainsley trajo las mesas. Estas dos mesas tenían gavetas con mangos redondos. Quedarían bien a cada lado de su gran cama.

Now, Ainsley brought in the end tables. These two tables had drawers with circle handles. They would work on either side of their big bed.

Lámparas / Lamps

Había una luz en el centro del techo, pero necesitaban más luz cerca de sus camas y escritorios. Su papá les dio dos lámparas pequeñas para sus mesas. Las niñas vieron muchas formas diferentes en sus lámparas. ¿Qué formas ves?

There was a light in the center of the ceiling but they needed more light by their bed and desk. Their dad gave them two small lamps for their end tables. The girls saw many different shapes in the lamps. What shapes do you see?

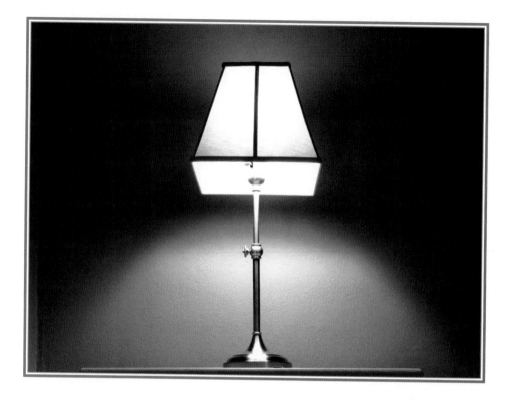

Cuando miras los lados de la pantalla, dos de los cuatro lados son **paralelos**. La forma es un trapecio.

When you looked at the sides of the lampshades, two of the four sides were **parallel** to each other. The shape was a trapezoid.

Para el escritorio encontraron la lámpara perfecta.
Tenía una pantalla de metal que las niñas podían
mover. ¿Qué forma tiene la lámpara?

For the desk they found the perfect lamp. It had a
metal shade that the girls could move. What
shape is the lamp?

Edredones y espejos
Bedding and Mirrors

Ahora vino la parte divertida. Las niñas fueron con su mamá a comprar un edredón nuevo. ¿Qué colores y formas puedes ver en el edredón y la pared?

Now came the fun part. The girls went shopping with their mom to buy a new bedspread. What colors and shapes can you see on the bedspread and wall?

También compraron unos espejos para colgar en las paredes. ¿Qué formas tienen los espejos? ¿Cómo lo sabes?

They also bought some fun mirrors to hang on the walls. What shapes are the mirrors? How do you know?

Un lado / One Side

armario / dresser   **ventana / window**

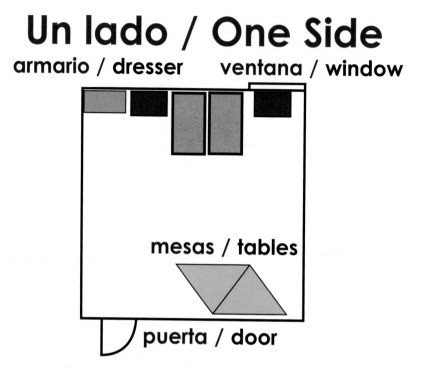

mesas / tables

puerta / door

Las niñas se dieron cuenta de que su cuarto ya no tenía dos lados rectangulares. Al contrario, era un gran cuadrado de nuevo. No les molestaba tener solo un lado. Era su lado, su cama y su cuarto.

The girls realized their new room no longer had two rectangle sides. Instead it was just one large square again. They didn't mind having only one side to the room. It was their side, their bed, and their room.

22

Glosario / Glossary

ángulo — lugar donde se unen dos líneas

angle (ANG uhl) — an angle is where two lines meet

cuadrado — una figura con cuatro lados iguales y cuatro ángulos rectos

square (SKWAIR) — a shape with four equal sides and four right angles

lado — una línea que marca el límite de un objeto

side (SIDE) — a line on the edge of an object

ovalado — que tiene la forma de un huevo

oval (OH vuhl) — a shape like an egg

paralelo — dos líneas rectas que están a la misma distancia una de la otra

parallel (PAR ruh lel) — two straight lines that are the same distance apart

rectángulo — una figura con dos lados largos, dos lados cortos y cuatro ángulos rectos

rectangle (REK tang guhl) — a shape with two long sides, two short sides, and four right angles

rombo — una figura con cuatro lados de la misma longitud, pero no suele tener ángulos rectos

rhombus (ROM buhss) — a shape that has four straight sides of equal length but usually does not have right angles

trapecio — una figura con cuatro lados de los que solo dos son paralelos

trapezoid (TRAP uh zoid) — a shape with four sides of which only two are parallel

triángulo — una figura cerrada con tres lados y tres ángulos

triangle (TRYE an guhl) — a closed shape with three straight sides and three angles

Índice / Index

Lecturas adicionales / Further Reading

James, Christianne. *Party of Three: A Book About Triangles*. Picture Window Books, 2006.

Martin, Elena. *So Many Circles*. Yellow Umbrella Books, 2006.

Shepard, Daniel. *Solid Shapes*. Yellow Umbrella Books, 2006.

Sitios Web recomendados / Recommended Websites

www.funbrain.com/poly
www.arcytech.org/java/patterns
www.mathplayground.com

Sobre la autora / About the Author

Nancy Harris es asesora de educación, con veinte años de experiencia en el salón de clases. Ella disfruta escribiendo libros de no ficción y enseñando a niños y adultos estrategias de lectura. Actualmente vive en Lafayette, Colorado.

Nancy Harris is an educational consultant with twenty years teaching experience. She enjoys writing nonfiction books and teaching students and educators nonfiction reading strategies. She currently lives in Lafayette, Colorado.